VENTE DU JEUDI 22 JANVIER 1891

HOTEL DROUOT, SALLE N° 5

TABLEAUX & DESSINS

MODERNES

TABLEAUX ANCIENS

CADRES — MINIATURES

EXPOSITION PUBLIQUE

LE MERCREDI 21 JANVIER 1891

De 1 heure 1/2 à 5 heures 1/2

Mᵉ Léon TUAL	**M. B. LASQUIN**
COMMISSAIRE-PRISEUR	EXPERT
56, rue de la Victoire, 56.	12, rue Laffitte, 12.

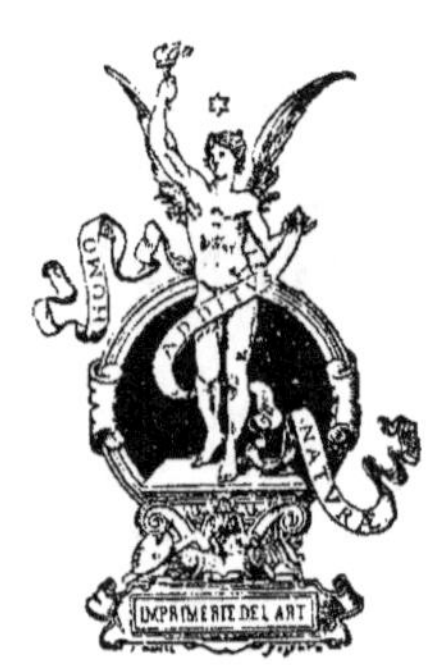
HOMO
IMPRIMERIE DEL ART

CONDITIONS DE LA VENTE

La vente sera faite au comptant.

Les acquéreurs payeront, en sus de leur adjudication, *cinq pour cent* applicables aux frais.

Paris. — Imp. de l'Art, É. Ménard et Cⁱᵉ, 41, rue de la Victoire.

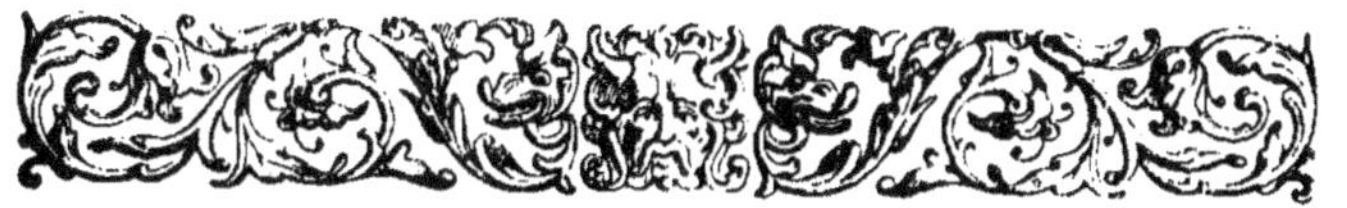

DÉSIGNATION

TABLEAUX ANCIENS

FRAGONARD

1 — *Le Serment d'amour.*

Répétition de la célèbre composition si connue par la gravure. Elle nous parait être une œuvre authentique du maitre, dont certaines parties. laissées inachevées, ont été terminées postérieurement.

DULIN
(PIERRE)

2 — *Portrait en buste de Marie Lecᶎinska.*

FLIPART
(1745)

3 — *Portrait de femme.*

Portrait d'homme jouant de la vielle.
Cadres anciens.

LARGILLIÈRE

(Attribué à)

4 — *Portrait en buste du maréchal de Villers.*

UITENWAAL

(JOACHIM)

5 — *La Révolte des titans contre les dieux.*

> Petite peinture sur cuivre d'un faire très précieux.

VALENCIENNES

6-7 — Deux toiles décoratives représentant des paysages d'Italie, avec figures et animaux :

1° *Le Repas des bergers.*

2° *La Route du marché.*

TABLEAUX, DESSINS MODERNES

BEAUVERIE

8 — *Paysage.*

BRISSOT

9 — *L'Abreuvoir.*

BRUNET

10 — Dix-huit dessins : paysages et marines, d'après nature.

CASSAT
(MARY)

11 — *Jeune Femme assise au balcon.*

CASTIGLIONE

12 — *Jeune Femme en buste.*

CRIBIER

13 — *Deux Marines.*

DASTUGUE
(MAXIME)

14 — *Le Repas à la ferme.*

DAUMIER

15 — *Le Charlatan.*
Dessin.

DEGAS

16 — *Danseuse.*
Dessin rehaussé de pastel.

DEGAS

17 — *Arlequin et Danseuses.*
Pastel.

DEGAS

18 — *Étude de femme nue.*
Pastel.

DEGAS

19 — *Le Foyer de la danse.*
Étude peinte.

DREUX-DORCY

20 — *Jeune Femme en buste.*

FILATREAU

21 — *Fleurs.*

FORAIN

22 — *Au bord de la Seine.*

FORAIN

23 — *Chanteuse de café-concert.*
Peinture sur un tambour de basque.

FORAIN

24 — *Au café.*
Plume et aquarelle.

FAURE
(BLANCHE)

25 — *La Plage d'Étretat.*

GEORGES

26 — *Troupeau de moutons.*

GERVEX

27 — Deux études peintes.

GONZALÈS
(JUAN)

28 — *Un Gentilhomme.*

GONZALÈS
(JUAN)

29 — *Un Porte-étendard.*

GUÉRY
(ARMAND)

3o — *Étude de forêt.*

HARLAMOFF
(1879)

31 — *Jeune Italienne en buste.*

HÉREAU
(JULES)

32 — *Le Hersage.*

IWILL

33 — Dessin.

JACQUET

34 — *Jeune Femme Louis XV.*
Sépia.

KNYFF
(A. DE)

35 — *L'Abreuvoir.*

KNYFF
(A. DE)

36 — *Chaumière normande près d'un cours d'eau.*

KNYFF
(A. DE)

37 — *Pâturage en forêt; soleil couchant.*

KNYFF
(A. DE)

38 — *Pâturage en forêt.*

KNYFF
(A. DE)

39 — *Animaux dans une clairière.*

KNYFF
(A. DE)

40 — *Paysage de Fontainebleau.*
Berger et animaux.

LACROIX
(GASPARD)

41 — *Paysage; vue de parc.*

LACROIX

42 — *La Pluie.*

LE POITEVIN

43 — *Embouchure d'une rivière.*

MADRAZO

44 — *Jeune Fille.*
>   Étude.

MANET

45 — *Le Déjeuner sur l'herbe.*
>   Étude à l'aquarelle pour le grand tableau.

MARC

46 — *Paysage.*
>   Cadre ancien en bois sculpté.

NOTERMAN
(Z.)

47 — *Cabinet de lecture.*

PECRUS

48 — *Entrée du port d'Honfleur à marée basse.*

PECRUS

49 — *Port de Deauville.*

PRIOU

5o — *Mélancolie.*

RENAULT
(ED.)

51 — *Le Lac d'Enghien.*

RENAULT
(ED.)

52 — *Paysage ; environs d'Épernay.*

THUILLIER
(PIERRE)

53 — *Bergère et bestiaux sur la lisière d'un bois.*

TULLON

54 — *Le Repos du dimanche.*

TULLON

55 — *Le Repos du dimanche.*
Esquisse du précédent.

TULLON

56 — *L'Enfant prodigue.*

TULLON

57 — Dessin au fusain.

TULLON

58 — *Portrait de femme.*

TURNER
(Mlle MARGUERITE)

59 — *Une Incroyable.*
Pastel.

VÉLY
(A.)

60 — *Jeune Fille en buste.*

VAUQUELIN
(RENÉ)

61 — *Rue à Alger.*

VAUQUELIN
(RENÉ)

62 — *La Fille du passeur.*

VAUQUELIN
(RENÉ)

63 — *Intérieur d'atelier d'artiste.*

VAUQUELIN
(RENÉ)

64 — *Pour la soupe.*

ÉCOLE MODERNE

65 — *Une Chiffonnière.*

ÉCOLE MODERNE

66 — *La Liseuse.*

Vente par suite de la liquidation de la Société M. et Cie

CORTÈS

67 — *Bestiaux à l'abreuvoir.*

BUNEL

68 — *Manœuvres d'infanterie.*

ÉCOLE MODERNE

69 — *Paysage.*

MINIATURES

COMTE

(L.)

70 — Très belle et importante miniature rectangulaire, représentant une Napolitaine jouant de la flûte. Signée : L. Comte, 1819.

Haut., 18 cent. 1/2 ; larg., 14 cent. 1/2

71 — Très belle miniature : Portrait en buste de Mme Dubochet. Signée : Comte, 1813.

Haut., 16 cent. 1/2 ; larg., 12 cent. 1/2.

CADRES

72 — Deux charmants petits cadres du temps
de la Régence, en bois finement sculpté et
doré.

73 — Deux petits cadres Louis XIV, en bois
sculpté et doré.

74 — Sous ce numéro, environ vingt-cinq cadres
dorés.

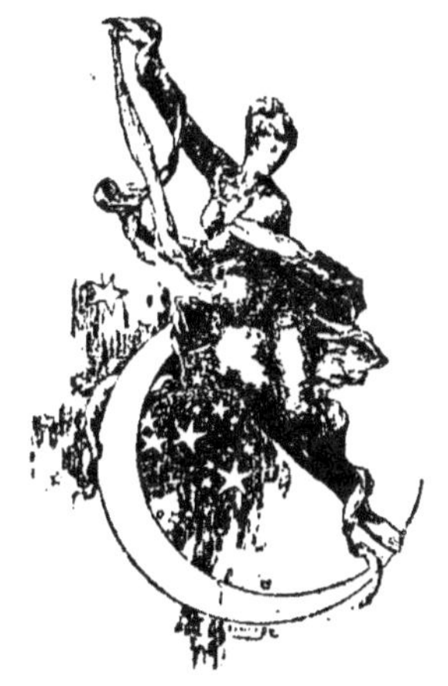